Werner Gutheil

Warum wir an den Himmel glauben

Werner Gutheil

Warum wir an den Himmel glauben

benno

Allen Menschen, die ich in ihrem Sterben begleiten durfte, gleichsam als Lehrmeister des letzten Weges, allen voran meinem Vater Herbert Gutheil, † 2003.

Es handelt sich bei dieser Ausgabe um eine gekürzte Fassung des 2014 im St. Benno Verlag erschienenen Buches „Sterben, Himmel, ewiges Leben?“ von Pfarrer Werner Gutheil.

Bibliografische Information der Deutschen Nationalbibliothek
Die Deutsche Nationalbibliothek verzeichnet diese Publikation in der Deutschen Nationalbibliografie; detaillierte bibliografische Daten sind im Internet unter http://dnb.d-nb.de abrufbar.

ISBN 978-3-7462-6644-2

Umschlaggestaltung: Ulrike Vetter, Leipzig
Umschlagfoto: © Elena Elisseeva/shutterstock.com
Gesamtherstellung: Kontext, Dresden (B)

INHALT

I. HOFFNUNG HILFT BEIM STERBEN

Welche Vorstellung haben Sie vom Himmel? Dieser Frage haben sich Theologen in meterlangen Bibliotheken gestellt. In Erzählungen von älteren Menschen wird berichtet, wie ein Katafalk (schwarz verhängtes Gerüst, auf dem der Sarg während der Trauerfeier steht) mit einem Sarg, verhängt mit einem schwarzen Tuch darauf, den Menschen „augenscheinlich" den Tod zeigen sollte. Ein schwarz gekleideter Priester hielt oftmals bei Kerzenlicht eine Predigt über die letzten Dinge: Himmel, Hölle, Fegefeuer. Warum diese Reihenfolge? Wir wollen uns auf den ersten Begriff beschränken, ohne die Existenz der anderen theologisch infrage zu stellen. Ziel ist es, eine hoffnungsvolle Perspektive zu schaffen, dem Tod nicht das letzte Wort zu lassen, sondern eine Hoffnung beim Sterben entgegenzustellen.

1. Erfahrungen, tot zu sein

Immer wieder fragen die Menschen danach, wie es einmal im Jenseits oder im Himmel sein wird. Sie hören mit offenen Ohren den Berichten von Nahtoderfahrungen zu. Beweise für die Existenz eines Jenseits sind sie nicht, haben aber gleichsam einen wissenschaftlichen Charakter.

Wie gläubige Menschen ihre Erfahrungen in „Berichten“ niederlegten und oftmals mündlich weitergegeben haben, so bekommen diese Berichte von Nahtoderfahrungen den Charakter solcher „Erfahrungsberichte“, die zudem heute noch nach wissenschaftlichen Kriterien beurteilt werden. Nahtoderfahrungen stellen also eine weitere Seite der Hoffnung im Sterben dar. Sie können zeigen, dass die Erfahrungswelt der Menschen aus biblischer Zeit begründet ist. Ihre Bildsprache ist der der Bibel sehr nahe und ähnlich.

Der Tod, der erlebt wurde, zeigt nach dem „Zurückholen“ in dieses Leben eine andere Sicht der eigenen Wirklichkeit, der eigenen Existenz auf. Ein befreundeter Priesterkollege erzählte mir von seinem Herzstillstand, den er mit 60 Jahren hatte. Er sah sich auf der Trage des Rettungswagens liegend, alles aus der Vogelperspektive. Es war angenehm, warm und hell. Es war für ihn der Himmel auf Erden. Für ihn war das Unangenehmste, als er wieder in seinen Körper zurückmusste, ohne es selbst zu wollen. Sein Leben veränderte sich in den kommenden 20 Jahren und er erzählte jedem, ob er es hören wollte oder nicht, von diesem schönsten Moment in seinem Leben. Es war für ihn eine Vorahnung des Himmels.

2. Licht am Ende des Tunnels

Immer wieder berichten die Menschen vom Tunnel, in dem sie Abstand von dieser Welt bekommen. Mittelalterliche Darstellungen haben dies sehr deutlich ausschmückt. Dieser Tunnel zeichnet sich durch ein „helles, strahlend schönes Licht“ aus, teilweise kommen exotische Landschaften, unbekannte Farben, ein Farbenmeer oder aber Lichtgestalten in der Umgebung des Tunnels vor. Diese Umgebung wird als „sehr angenehm“ erlebt.

Sollte es anders sein, wenn wir aus dieser Wirklichkeit heraustreten? Oftmals wird ein Lächeln im Gesicht von Sterbenden wahrgenommen. Der vermeintliche Todeskampf ist das, was die Hinterbliebenen im Gesicht des Sterbenden sehen, den sie gehen lassen müssen. Der Tunnel, in dem sie sich befinden, die angenehme Welt, zu der sie sich aufmachen, wird übersehen. Viele verstorbene Menschen habe ich mit einem Lächeln auf den Lippen wahrnehmen dürfen in der Zeit, da ich als Klinikpfarrer Sterbende und ihre Angehörigen begleiten durfte. Mein eigener Vater hatte wenige Stunden nach seinem Tod sein altes Gesicht, eher rundlich und freundlich, mit einem Lächeln auf den Lippen, wieder. Mögen die Mediziner dies mit „Muskelentspannung erklären, so war es mir und meiner Mutter trostreich. Er konnte durch den

Tunnel des Todes in ein entspanntes Licht ans Himmelstor treten. So war zumindest meine Deutung, die es mir erleichterte ihn gehen zu lassen. Selbst wenn die Medizin sagt, dass Endorphine (Glückshormone) im Sterben durch die Leber ausgeschüttet werden, so ist doch der Moment, am Himmelstor anklopfen zu dürfen, sicherlich ein beglückender Moment, der sich im Ganzen des Menschen ausdrückt. Wir als Hinterbliebene sehen nur die eine Seite der Wirklichkeit, den Sterbenden oder Verstorbenen, aber es wird da auch eine andere Wirklichkeit geben, die wir nur deutend wahrnehmen können. Sehen wir es positiv, um dadurch als Zurückbleibende wieder in dieses Leben gehen zu können, weil jene, die gegangen sind, eine andere Welt betreten haben, in Licht und aller Pracht.

3. DEN EIGENEN TOD WAHRNEHMEN

Der Tod kommt für den Sterbenden nicht überraschend, er kündet sich an. Menschen mit Nahtoderfahrungen sprechen davon, dass sie ihre eigene Situation aus der „Vogelperspektive“ beobachten konnten. Das Bemühen der umliegenden Menschen war für sie aus der Beobachterrolle erlebbar. Erklärungen mag es viele dafür geben, die hier keine Rolle spielen, aber die Bedeutung, die sich daraus ableiten lässt, scheint wichtiger zu sein: Es gibt eine Welt, die außerhalb unserer Wirklichkeit liegt. Sie ist denen, die in dieser Wirklichkeit leben, nicht zugänglich, aber sie wird von denen, die unsere Wirklichkeit verlassen haben, erlebt und stellt eine Verbindung zwischen der jenseitigen Welt und unserer Welt, zumindest optisch, dar.
Das kann kein Beweis für den Himmel, das Jenseits sein, aber es kann ein Hinweis sein, dass es da eine Wirklichkeit gibt, die außerhalb unserer Welt existiert.
Ein zweiter Zusammenhang scheint sich da-

raus ableiten zu lassen: Die andere Welt, der Himmel, das Jenseits, die Welt außerhalb dieser Welt, hat einen Einblick in unser Leben. Eine eigene Erfahrung, ohne Beweischarakter, sei hier eingeordnet: Bei der Beisetzung mir nahestehender Personen aus der Familie oder meinem persönlichen Umfeld habe ich im Moment des Einsenkens des Sarges in die Erde das Gefühl gehabt, dass dieser Mensch vom Himmel, einer Wolke, mir über die rechte Schulter schaut. Er konnte das aktuelle Geschehen und sein bzw. mein Leben „aus einem anderen Blickwinkel" wahrnehmen. Es war nur ein Gefühl, einen Kontrollblick habe ich instinktiv vermieden.
Der Tod und seine Toten gehen in eine andere Wirklichkeit über.
Ein dritter Aspekt wird mit dem, was Menschen in Nahtoderfahrungen beschreiben, ebenfalls belegt: Man kann Leib und Seele dadurch unterscheiden. Der Leib ist die Hülle der Seele. Im Tod trennt sich die Seele vom Leib. Ihn in Würde zu behandeln und zu bestatten ist die eine Seite der Wirklichkeit, nämlich unsere. Die Seele geht in eine andere Welt.

4. Rückblick ins Leben

Wenn man als Außenstehender Sterbenden zur Seite steht, dann kann man Augenbewegungen unter den geschlossenen Liedern beobachten. Die Forschung sagt, dass diese sich bewegen, weil Bilder gesehen werden. Bereits die Sterbeforscherin Elisabeth Kübler-Ross hat vom „Lebensfilm“ Sterbender berichtet. In der berühmten Geschichte „Spuren im Sand“ von Margaret Fishback Powers, in der zwei Fußspuren parallel im Sand gesehen werden, eine vom Menschen, die andere von Gott, zeigt sich dieser Lebensfilm. Die Spur wird zu einer Spur, als es im Leben des Menschen schwierig wurde. Die menschliche Erklärung, Gott habe ihn verlassen, als er Schwierigkeiten hatte, wird von Gott korrigiert: Nicht verlassen habe ich dich, sondern dich getragen.
Die Geschichte zeigt, dass das Leben von Gott getragen wird. Es handelt sich um einen Gott der Lebenden, wie es bei Matthäus (Kapitel 22, Vers 31-32) beschrieben ist: „Habt ihr im Übri-

gen nicht gelesen, was Gott euch über die Auferstehung der Toten mit den Worten gesagt hat: Ich bin der Gott Abrahams, der Gott Isaaks und der Gott Jakobs? Er ist doch nicht der Gott der Toten, sondern der Gott der Lebenden."

Es ist ein Gott mit Geschichte, angedeutet durch Abraham, Isaak und Jakob, jene Urväter, die für die Verbindung der Menschen zu Gott gerade in schwierigen Zeiten stehen. Jesus führt diese Geschichte weiter und erklärt, dass es nicht nur eine irdische Geschichte ist, sondern eine Geschichte, die über dieses Leben hinausgeht. Eine Geschichte, die nicht mit dem Tod endet, sondern durch die Auferstehung der Verstorbenen eine Perspektive hat. Das Leben geht also in eine andere Wirklichkeit, in ein neues Leben über.

Diese Erfahrung wird über Generationen hinweg weitergetragen und durch die Bibel in den Gottesdiensten und in der Schriftlesung verkündet. Sie kann somit auch zur Hoffnung im Sterben für uns Menschen werden.

5. Letzte Reise

Immer wieder habe ich bei Sterbenden erlebt, dass sie ihren Tod angekündigt haben. Sie haben oftmals das Sterben mit einer „Reise" verglichen. So erklärte mir eine Patientin während meiner Ausbildung zum Klinikseelsorger bei einem Besuch, dass sie keine Zeit habe, weil sie ihre Koffer „für eine große Reise" packen müsse. Ich fragte im Stationszimmer nach, ob die Patientin verlegt würde, was verneint wurde. Am nächsten Tag hatte sie diese „große, letzte Reise" angetreten, sie war gestorben. Eine Reise hat einen Weg, dieser Weg hat ein Ziel, einen Ort, wohin diese Reise geht. Im biblischen Wort gesagt, es ist der Weg, den jeder Mensch gehen muss, wie Jesus es sagte, wenn er von sich meinte: „Ich bin der Weg, die Wahrheit und das Leben; niemand kommt zum Vater außer durch mich" (Johannes, Kapitel 14, Vers 6). Jesus selbst hat seinen Leidens- und Kreuzweg gehen müssen, hat sich nicht dem menschlichen Schicksal entzogen. Er ist

den Lebenden, die einen schweren Weg gehen müssen, vorausgegangen und trägt sie in diesem Leid mit.
Nicht nur der Weg im Sterben hat ein Ziel, er hat auch einen Zeitpunkt. Immer wieder kündigen Menschen ihr Sterben konkret an. Ein Mann, den ich im Hospiz an einem Samstag besuchen wollte, sagte mir: „Bitte nicht um 9.00 Uhr, da sterbe ich." In der Tat, er starb gegen 9.15 Uhr. So genau hatte ich die Ankündigung des Todeszeitpunktes noch nicht erlebt. Aber es zeigt, dass die sterbenden Menschen eine konkrete Vorstellung haben. Er war ein gläubiger Mensch, dem Religiosität und Glaubenspraxis im Leben viel bedeuteten. Er trat seine letzte Reise an im Bewusstsein, er werde von der Gottesmutter begleitet. Für ihn spielte das Lied „Segne du, Maria" im Leben eine besondere Rolle, insbesondere die 3. Strophe: „Segne du, Maria, unsre letzte Stund! Süße Trostesworte flüstre dann der Mund! Deine Hand, die linde, drück das Aug uns zu, bleib im Tod und Leben unser Segen du!"
Wegbegleitung im Sterben lässt die Dahinscheidenden leichter auf das Ziel zugehen. Glauben

und hoffen, dass es dann ein Ziel, ein neues Leben gibt, lässt den Weg leichter gehen. Die Tradition solcher Lieder drückt die Hoffnung von Generationen aus.

6. TRÄUME STERBENDER

Nicht nur die Begleitung von Menschen im beruflichen Kontext als Seelsorger hat mir gezeigt, dass das Sterben in Träumen angekündigt wird. Mein eigener Vater hat in seinen letzten drei Tage vor dem Tod plötzlich seinen Dämmerzustand unterbrochen und mich mit klaren Worten gefragt: „Hast du den VW-Bus gepackt?“ Anfängliches Nachdenken, warum gerade ein VW-Bus, den er nie besessen hat, sondern einen anderen Bus, hat mich zurückfragen lassen: „Ihr hattet doch gar keinen VW-Bus, sondern einen Ford Transit?“ Aber er wiederholte die Frage nur: „Hast du den VW-Bus gepackt?“. Ich schaltete sofort um und fragte zurück: „Was soll ich denn hineinpacken?“ Seine Antwort: „Du weißt schon, was für mich wichtig ist.“ Es war die klare Ankündigung seines baldigen Sterbens und der Hinweis – wie es schon in vielen anderen Dingen seine Bitte war –, das zu tun, was nötig und üblich sei. Das Sterben begann ab diesem Moment deutlich. Am Tag vor dem Tod hatte er sich aus dem Bett in einen Sessel setzen lassen, von dem aus er seinen geliebten Garten lange Zeit nochmals anschaute. Der vermeintliche Traum vom VW-Bus, der zu packen sei, hatte mich mit in die Verantwortung genommen für das, was er brauchte. Er hatte sich schon Monate vorher einen Rosenkranz gekauft, den er im Sarg haben wollte. Zudem bekam er von mir – zur eigenen Trauerbewältigung hilfreich – einige persönliche Dinge, die er immer mittrug, daneben Zeitungen, die er täglich las, und sein letztes Buch, das er begonnen hatte und das unvollendet blieb. „Du weißt schon, was für mich wichtig ist.“ Sein Auftrag bestätigte die Erwartung, dass er diese letzte Reise bald antreten würde und dafür gut ausgestattet sein wollte. Spirituell war alles

Notwendige durch einen Kollegen getan, der die Sakramente gespendet hatte.
Der Tod kam nicht überraschend, er wurde durch seinen Traum von der Reise mit dem VW-Bus angekündigt. Er starb so, wie er gelebt hatte: Vieles in seinem Leben wurde ihm „eingepackt" nach seinen Vorstellungen. Er trat viele konkrete Reisen an, indem er sich auf das verlassen hat, was er mitbekommen hatte. Dieses Annehmen hat auch seine letzte Reise begleitet. Der Mensch stirbt, wie er gelebt hat.

7. IM HAUS MEINES VATERS GIBT ES VIELE WOHNUNGEN

Immer wieder fragen sich die Menschen, wohin die Reise geht. Der Ort und das Ziel dieser letzten Reise sind die zentrale Frage, die sich Menschen schon zur Zeit Jesu gestellt haben.
Die Wohnung ist der Ort, in dem Menschen daheim sind. Sie so auszugestalten, dass man

sich wohlfühlt, hat im irdischen Leben eine Bedeutung. Bereits die Suche nach einer Herberge am Anfang des Lebens Jesu und die Geburt in einem Stall machen deutlich, wie schwierig dies sein kann. Die Eltern Jesu sind Suchende, sie müssen für ihn und seine Geburt einen Stall als „Wohnung" im irdischen Leben annehmen. Sie müssen nach der Geburt flüchten und in Ägypten Asyl suchen. Nach der Rückkehr machen sie mehrere Anläufe, bis sie eine Wohnung gefunden haben. So ist es verständlich, wenn Jesus selbst als Wanderprediger sagt: „Die Füchse haben ihre Höhlen und die Vögel ihre Nester; der Menschensohn aber hat keinen Ort, wo er sein Haupt hinlegen kann" (Matthäus, Kapitel 8, Vers 20). Deshalb ist es nicht verwunderlich, wenn Jesus, der sogar in ein fremdes Grab gelegt wird, sich dieser Frage stellt: Wohin geht die letzte Reise? Wo haben wir eine Wohnung am Ende dieses Lebens, über den Tod hinaus? „Euer Herz lasse sich nicht verwirren. Glaubt an Gott und glaubt an mich! Im Haus meines Vaters gibt es viele Wohnungen. Wenn es nicht so wäre, hätte ich euch dann gesagt: Ich gehe, um einen Platz für euch vorzubereiten? Wenn ich gegangen bin und einen Platz für euch vorbereitet habe, komme ich wieder und werde euch zu mir holen, damit auch ihr dort seid, wo ich bin. Und wohin ich gehe – den Weg dorthin kennt ihr" (Johannes, Kapitel 14, Vers 1-4).

Sein ganzes Leben ist ausgerichtet auf diesen Auftrag, dass er uns durch seinen Tod eine Wohnung bereitet hat. Der Weg dahin ist klar: Er geht über dieses Leben, über das Sterben und den Tod, hinein in eine neue Wohnung, die vom Menschensohn, vom Sohn Gottes, wie der gläubige Christ ihn sieht, bereitet wird.

Wir treten also nicht aus diesem Leben, ohne eine Perspektive zu haben. Das war schon immer der Glaube der Menschen, insbesondere der Christen.

8. SICH VORBEREITEN AUF DEN EINTRITT

Der Tod kommt meist überraschend, die Zeit bis dahin kann dazu führen, dass wir das Ziel des Lebens „verschlafen". Zudem gibt es Erfahrungen im Leben, die können wir nicht weitergeben, wir müssen sie selbst machen und haben auch wenig Zeit, sie „nachzuordern" oder – wie es im Gleichnis von den zehn Jungfragen heißt – zu kaufen.
Der nachfolgende Text deutet erneut auf das kommende Leben hin, es ist wieder eine Hochzeit, zu der eingeladen wird. Der Ort der Feier ist klar, sie hat ihren konkreten Raum, der aber zunächst verschlossen ist. Er wird erst geöffnet, wenn es „an der Zeit ist". Dies kann – wie so oft bei Sterbenden – in der Nacht sein oder – wie ich es oftmals erlebt habe – am frühen Morgen. Deshalb wollen Sterbende auch nicht schlafen, sie haben Angst vor der Nacht und der Dunkelheit, weil der Schlaf zum „ewigen Schlaf" werden kann. Viele Menschen habe ich erlebt, die nachts verstarben. Selbst meine eigene Urgroß-

mutter hat sich abends hingelegt und ist morgens nicht mehr wach geworden, zumindest für dieses Leben.

Sich darauf einzustellen, ein Licht dabei zu haben, eine Lampe, die einem die „Nacht des Lebens" erhellt, das nötige „Rüstzeug" dabeizuhaben, dazu sind wir angehalten am Ende unseres Lebens. Der Text lädt ein zur Wachsamkeit angesichts der großen Einladung zum Festmahl, der Hochzeit des Lebens nach diesem irdischen Leben:

„Dann wird es mit dem Himmelreich sein wie mit zehn Jungfrauen, die ihre Lampen nahmen und dem Bräutigam entgegengingen. Fünf von ihnen waren töricht und fünf waren klug. Die törichten nahmen ihre Lampen mit, aber kein Öl, die klugen aber nahmen außer den Lampen noch Öl in Krügen mit. Als nun der Bräutigam lange nicht kam, wurden sie alle müde und schliefen ein. Mitten in der Nacht aber hörte man plötzlich laute Rufe: Der Bräutigam kommt! Geht ihm entgegen! Da standen die Jungfrauen alle auf und machten ihre Lampen zurecht. Die törichten aber sagten zu den klugen: Gebt uns von eurem Öl, sonst gehen unsere Lampen aus. Die klugen erwiderten ihnen: Dann reicht es weder für uns noch für euch; geht doch zu den Händlern und kauft, was ihr braucht. Während sie noch unterwegs waren, um das Öl zu kaufen, kam der Bräutigam; die Jungfrauen, die bereit waren, gingen mit ihm in den Hochzeitssaal und die Tür wurde zugeschlossen. Später kamen auch die anderen Jungfrauen und riefen: Herr, Herr, mach uns auf! Er aber antwortete ihnen: Amen, ich sage euch: Ich kenne euch nicht. Seid also wachsam! Denn ihr wisst weder den Tag noch die Stunde“ (Matthäus, Kapitel 25, Vers 1-3).

Es ist die Einladung, sich im Leben auf das Ende vorzubereiten. Es ist die Frage nach der eigenen Klugheit im Leben im Blick auf das Sterben. Es wird die Erkenntnis beschrieben, dass wir in bestimmten Momenten die Zukunft nicht mit anderen teilen können, dass wir wohl in Gemeinschaft, nicht aber gemeinsam alles teilen können, denn dann reicht es weder für uns noch für andere. Wir sind eingeladen, bringen aber nur das mit, was wir haben. Wir können anderen im Moment des letzten Augenblicks im Leben, im Übergang vom Hier zum Dort, vom Diesseits zum Jenseits des himmlischen Hochzeitssaales, Nichts vom Eigenen abgeben. Die Konsequenzen des Lebens sind selbst zu tragen, sie können nicht geteilt und auch nicht „nachgekauft“ werden.

9. Auferstehung konkret

Wie und wann die Auferstehung geschieht, können wir nicht sagen. Wenn Raum und Zeit im Moment des Todes aufgehoben sind, also keine Realität mehr für uns haben, dann könnte es sein, dass diese Auferstehung geschieht. Aber wie?

Das haben sich die Menschen schon mit dem Tod Jesu und seiner Auferstehung gefragt. Für sie wie für viele Menschen ist das Grab heute noch in der Zeit nach dem Tod der Ort, der eine Beziehung zum Verstorbenen schafft. Auch wenn nur die „leibliche Hülle“ hier bestattet ist, so kann das Grab dennoch zum Ort der Begegnung mit dem Verstorbenen werden, zumindest aber zum Ort der Suche nach ihm. Dies macht die Erzählung von der Auferstehung deutlich (Matthäus, Kapitel 28, Vers 1-8): Man sucht den Toten, will ihm noch etwas Gutes tun, ihm nahe sein. Erfährt man aber etwas anderes, nämlich, dass er nicht mehr hier (in dieser Wirklichkeit) ist, dann „schwankt der Boden“, da ist ein Erdbeben der Gefühle zu erleben. Die Begegnung mit „Lichtgestalten“ zeigt, dass der „Stein“ außerhalb von unserer Wirklichkeit von einer anderen Dimension aus „weggewälzt“ wurde. Die Schwere der Situation scheint wie weggewälzt zu sein. Die Lichtgestalten erscheinen nur blitzartig, die Klarheit dessen, was hier geschieht, ist unbeschreiblich. Die Angst, dass der Tod das letzte und endgültige Wort hat, ist ein begleitendes Gefühl, gerade bei denjenigen, die an der Wirklichkeit festhalten wollen. Gerade jene, die wie Wächter darauf aus sind, dass keine weitere Hoffnung über dieses Leben hinaus existiert, sind geblendet von der Erfahrung der

Menschen, dass der Tod nicht das letzte Wort hat. Sie halten fest am Tod, glauben nicht, dass es ein Leben danach gibt. Sie haben wenig oder keine Hoffnung, sie sind dem „Boden" der eigenen Vorstellungen verhaftet. Sie zittern, weil für sie der Tod das letzte Wort hat.

Die suchenden und fragenden Menschen allerdings werden angesprochen und bekommen durch den Dialog mit der anderen Wirklichkeit außerhalb der irdischen Welt, im Kontakt mit Lichtgestalten, die Angst genommen, die der Tod ihnen gegeben hat. Sie werden eingeladen, sich nicht zu fürchten vor dem, was geschehen ist, denn – das ist das Zentrale unserer Botschaft – die Suche nach dem Toten hat hier sein Ende, weil der Tote nicht mehr hier (in dieser Wirklichkeit) ist. Er ist auferstanden, hat dem Tod das neue Leben entgegengesetzt, weil er ein neues, ewiges Leben geschenkt bekommen hat.

Der Tote geht an eine andere Stelle, außerhalb von Raum und Zeit, von dieser Wirklichkeit, geht voraus. Er geht an einen fremden und zugleich vertrauten Ort (im Bild von Galiläa). Der

Tote geht an einen Ort voraus, aber dort können wir ihn nach unserem Leben wiedertreffen.

Zentral ist die Bereitschaft zurückzukehren in den Alltag dieses Lebens und zu schauen, wann diese Begegnung und die Erfüllung dieser Hoffnung geschieht.

Etwas Weiteres zeigt diese Erfahrung auch: Es braucht die genaue Auseinandersetzung mit dem Tod. Das Sterben, der Tod und die eigene Trauer müssen angeschaut werden. Sie müssen eine „Stelle“, einen Platz im Leben haben. Es ist die Einladung zur Trauer, die mit dem Tod verbunden ist. Trauer ist kein Zeichen für Trostlosigkeit, sondern der Weg, der dazu führt, wieder ins Leben zu kommen.

Erst die Auseinandersetzung, das Hinschauen auf die eigene Trauer um den geliebten Menschen, kann zur Erfahrung führen, dass der Verstorbene auferstanden und vorausgegangen ist. Erst dann ist der Weg zurück wieder möglich, der Alltag kann dann zum Begegnungsraum mit der anderen Welt werden. Während und nach der Auseinandersetzung mit dem Sterben, dem Tod und der Trauer um den geliebten Menschen kann der Alltag eine neue Sicht der Dinge und der Wirklichkeit bieten. Dies kann – davon berichten Trauernde immer wieder – zur Begegnung mit den Verstorbenen führen. Sie treten aus ihrer Welt in unsere Welt hinein.

Diese Erfahrung will geteilt und mitgeteilt werden. Gemeinschaft mit anderen Trauernden macht die eigene Trauer erträglich und eine Hoffnung spürbar und erfahrbar.

Den nachfolgenden Text von der Botschaft des Engels am leeren Grab durch diese beschriebene „Brille" zu lesen, gibt einen anderen Blick frei auf die konkrete Wirklichkeit und die hoffnungsvolle Vorstellung von dem, was Auferstehung angesichts des Todes meinen könnte.

„Nach dem Sabbat kamen in der Morgendämmerung des ersten Tages der Woche Maria aus Magdala und die andere Maria, um nach dem Grab zu sehen. Plötzlich entstand ein gewaltiges Erdbeben; denn ein Engel des Herrn kam vom Himmel herab, trat an das Grab, wälzte den Stein weg und setzte sich darauf. Seine Gestalt leuchtete wie ein Blitz und sein Gewand war weiß wie Schnee. Die Wächter begannen vor Angst zu zittern und fielen wie tot zu Boden. Der Engel aber sagte zu den Frauen: Fürchtet euch nicht! Ich weiß, ihr sucht Jesus, den Gekreuzigten. Er ist nicht hier; denn er ist auferstanden, wie er gesagt hat. Kommt her und seht euch die Stelle an, wo er lag. Dann geht schnell zu seinen Jüngern und sagt ihnen: Er ist von den Toten auferstanden. Er geht euch voraus nach Galiläa, dort werdet ihr ihn sehen. Ich habe es euch gesagt. Sogleich verließen sie das Grab und eilten voll Furcht und großer Freude zu seinen Jüngern, um ihnen die Botschaft zu verkünden" (Matthäus, Kapitel 28, Vers 1-8).

10. ZUSAMMENFÜHRUNG

Mit dem Tod eines Menschen fällt auch das Ende seiner Welt zusammen. Was in diesem Moment geschieht, wird mit biblischen Worten genau beschrieben. Zentral für unser Thema ist

die Tatsache, dass der Menschensohn kommen wird, das heißt, er kann nur kommen, wenn es etwas gibt, wovon er kommen kann. Also ist es der Ort, an den auch wir gelangen werden.
Im biblischen Text bei Markus, Kapitel 13, Vers 24-27 sind genaue Vorstellungen beschrieben. Sie stellen nur Bilder dar, die etwas Unbeschreibliches beschreibbar machen wollen.
Angesichts des Todes eines Menschen ist die Begegnung mit dem Menschensohn, mit Jesus, unmittelbar denkbar, da Raum und Zeit aufgehoben sind. Für den Sterbenden geht gleichsam diese Welt unter, ist das Ende der großen Not eingetreten und es verfinstert sich alles um ihn. So wird oftmals das Sterben aus der Perspektive der Angehörigen beschrieben.

„Aber in jenen Tagen, nach der großen Not, wird sich die Sonne verfinstern und der Mond wird nicht mehr scheinen; die Sterne werden vom Himmel fallen und die Kräfte des Himmels werden erschüttert werden. Dann wird man den Menschensohn mit großer Macht und Herrlichkeit auf den Wolken kommen sehen. Und er wird die Engel aussenden und die von ihm

Auserwählten aus allen vier Windrichtungen zusammenführen, vom Ende der Erde bis zum Ende des Himmels."

Eine zweite Erkenntnis kann aus diesem Abschnitt abgeleitet werden: Wir sind nicht allein im Tod. Andere Menschen sind ebenso vom Sterben betroffen. Sie werden wieder von den Engeln, den Lichtgestalten, „zusammengeführt" von allen vier Windrichtungen, also von überall. Es gibt keine Grenze, keine Endlichkeit mehr, denn Erde und Himmel sind grenzenlos. Selbst wenn sie ein Ende hätten, die Toten würden in dieser Grenzenlosigkeit von Erde und Himmel zusammengeführt werden. Es ist also ein Ort der Gemeinschaft.

11. HIMMELFAHRT ALS VOR-BILD

Bereits in der Apostelgeschichte (Kapitel 1, Vers 9-11) wird von der Himmelfahrt Jesu geschrieben. Es ist keine Beschreibung dessen, was real

geschehen ist, wohl aber eine Erfahrung, die in dieser Erzählung ihren Niederschlag gefunden hat. Für das Thema Himmel werden hier einige interessante Gedanken mitgeben:
Die Wolken, die den Blick verstellen, können als Umschreibung dafür stehen, dass den Hinterbliebenen mit dem Tod oder zeitversetzt mit der Beerdigung und der nachfolgenden Zeit der Bezug zum Verstorbenen verloren geht. Der Blick für ihn wird verstellt. Gerade in der ersten Zeit nach dem Tod eines geliebten Menschen ist die Sehnsucht, ihn zu sehen, zu spüren, zu riechen sehr groß. Es wird nach ihm Ausschau gehalten, sodass der Blick für die aktuelle Realität verloren geht. Gleichsam wird ständig dorthin geschaut, wo man ihn zu sehen glaubt. Der Himmel ist ein solches Bild dafür. Hier ist Begleitung, sind andere Menschen von Nöten, die einem helfen, wieder den Blick für die Realität zu bekommen, ohne die Hoffnung auf ein Wiedersehen aufzugeben. Wieder sind es Engel oder Lichtgestalten, die in Worte fassen, was unaussprechlich erscheint. Sie verweisen auf den Himmel als den Ort, an dem

die Menschen nach dieser Wirklichkeit gehen. Jesus selbst ist hier Vor-Bild, gibt ein Beispiel durch seine Auferstehung und Himmelfahrt. Das Ziel unseres irdischen Lebens, das durch den Tod beendet wurde, ist der Himmel, wieder ein Bild für eine andere Wirklichkeit. Die innere Hoffnung ist durch diese Erzählung über Jahrtausende wachgehalten worden. Das Fest „Christi Himmelfahrt" wurde eingeführt, um diese Erfahrung lebendig zu halten.

„Als er das gesagt hatte, wurde er vor ihren Augen emporgehoben, und eine Wolke nahm ihn auf und entzog ihn ihren Blicken. Während sie unverwandt ihm nach zum Himmel emporschauten, standen plötzlich zwei Männer in weißen Gewändern bei ihnen und sagten: Ihr Männer von Galiläa, was steht ihr da und schaut zum Himmel empor? Dieser Jesus, der von euch ging und in den Himmel aufgenommen wurde, wird ebenso wiederkommen, wie ihr ihn habt zum Himmel hingehen sehen" (Apostelgeschichte, Kapitel 1, Vers 9-11).

Ebenso sind andere biblische Gestalten bereits vor Jesus in besonderer Weise „in den Himmel

aufgefahren“. Bereits vom Propheten Elija wurde dies in der Erzählungstradition berichtet (2. Könige, Kapitel 2, Vers 11): „Während sie [Elija und sein Schüler Elischa] miteinander gingen und redeten, erschien ein feuriger Wagen mit feurigen Pferden und trennte beide voneinander. Elija fuhr im Wirbelsturm zum Himmel empor.“ Seine erwartete Wiederkunft wird dadurch symbolisiert, dass beim jüdischen Passahmahl immer ein freier Stuhl für Elija bereitgehalten wird. Trauernde decken oftmals den Platz des geliebten Menschen beim Essen ein und sind sehr empfindsam, wenn dieser Platz von einem anderen Gast eingenommen wird, oder stellen an den Platz des geliebten Menschen eine Kerze oder sein Bild.
Das jüngste Fest, das in der kirchlichen Tradition diesbezüglich von Papst Pius XII. am 1. November 1950 per Dogma festgehalten wurde, ist die „leibliche Aufnahme Mariens in den Himmel“ (15. August). Es will deutlich machen, dass Maria allen Menschen Vorbild ist. Wie diese leibliche Aufnahme vorstellbar ist, sei an dieser Stelle nicht weiter erörtert. Zentral

für unser Thema sind die Tatsache und die geglaubte Existenz des Himmels als den Ort, an dem die Toten sich nach diesem Leben versammeln.

Interessant ist, dass dieses Fest am Gedenktag „Allerheiligen", am Vortag von „Allerseelen" verkündet wurde. Auch hier sei nur auf den Zusammenhang zwischen dieser und der anderen Welt hingewiesen. Alles Indizien dafür, dass es einen Himmel gibt, an dem sich die Verstorbenen befinden.

II. WAS KOMMT NACH DIESEM LEBEN?

Ein unverfänglicher Text soll am Anfang dieses Kapitels stehen. Nicht von einem großen Theologen, nein, von einem Liedermacher, der in seinen Liedern seine Erfahrungen mit der Wirklichkeit einfließen lässt. Nach der Geburt seines Kindes hat er folgenden Titel geschrieben:

„Du hast mir schon Fragen gestellt
Über „Gott und die Welt",
Und meist konnt' ich dir Antwort geben.
Doch jetzt bringst du mich aus dem Lot
Mit deiner Frage nach dem Tod
Und „was ist, wenn wir nicht mehr leben?"
Da muss ich passen, tut mir leid,
Niemand weiß da so recht Bescheid,
solang es Menschen gibt auf Erden."

Es ist Reinhard Mey, der diesen Text verfasst hat. Der zentralen Frage nach dem Sterben weicht er nicht aus:
„Ich stelle mir das Sterben vor
So wie ein großes, helles Tor,
Durch das wir einmal gehen werden."

Dieses Kapitel will von den Vorstellungen sprechen, die Menschen sich zum Trost im Angesicht des Todes gemacht haben. Dabei stehen die biblischen Bilder im Mittelpunkt. Schließlich sei auch Reinhard Meys Vorstellung von dem, was nach dem Tod kommt, hier mit aufgeführt, um zu zeigen, dass unsere Vorstellung einem Deckengemälde einer barocken Gewölbedecke gleicht. Alles, was man auf einer solchen Decke sieht, entspringt unserer Vorstellung, wie der Himmel mit seiner hierarchischen Anordnung aussehen könnte, mit seinen Geschöpfen, alle in barocke Gewänder gekleidet, gemalt im Stil der damaligen Zeit. Diese Bilder sind lediglich Projektionen und Vorstellungen, geprägt vom Zeitgeist. Sie sind optische Täuschungen, die helfen, eine Wirklichkeit darzustellen. Die Ge-

mälde sollen dabei helfen, dass die Vorstellung von der dortigen Wirklichkeit mit unserer irdischen Wirklichkeit in Verbindung steht.
Es ist im Grunde eine Projektion dieser Wirklichkeit auf die jenseitige Wirklichkeit.
Dies war und ist nicht nur in der Barockzeit der Fall gewesen. Bereits im frühen Mittelalter hat man sich in Bilderform Vorstellungen von der jenseitigen Wirklichkeit gemacht, zumal die wenigsten Menschen damals lesen konnten. Die geschriebenen und beschriebenen Bilder waren den Menschen damals kaum zugänglich.
Als Beispiel für frühe mittelalterliche Kunst sei hier der von Matthias Grünewald 1506–1515 geschaffene Isenheimer Altar in Colmar genannt.
Er entfaltet in den Gestalten seiner Zeit die Vorstellung von Himmel, Hölle und Fegefeuer und mündet im lichtreichen Bild des auferstandenen Christus. Es waren Bilder, die den schwerstkranken und sterbenden Menschen vor Augen gehalten wurden.

1. Leben angesichts der himmlischen Perspektive

Eher bedrückend erscheint das irdische Leben, teilweise sogar leibfeindlich wirkt der Text auf den heutigen Leser im 2. Brief von Paulus an die Korinther, Kapitel 5, Vers 1-5.
Paulus spricht vom „überkleidet werden". Ein Bild, das auch in der Ikonografie bereits in der Raupe, die den Kokon zurücklässt und im Schmetterling weiterlebt, auftaucht. Was vorher - auch im tierischen Bild - eher mühselig erscheint, wird mit Größe und Freiheit des himmlischen Hauses beschrieben. Die „Bekleidung" schützt den neuen Menschen in seiner Nacktheit. Das aktuelle irdische Leben wird sehr „druckhaft" erlebt, weil das Streben des irdischen Menschen „überkleidet" werden will. Das Ziel des Menschen ist also dieser andere Zustand. Paulus beschreibt es eher paradox, wenn er davon spricht, dass das Sterbliche vom Leben „verschlungen" wird.
Dies ist - nach der Hoffnung und Vorstellung der ersten Christen - möglich, weil er einen

„Geist“ als ersten Anteil im Menschen zugrunde gelegt hat.
Als würde er anspielen auf die Urerzählung im Alten Testament, die Schaffung des Menschen, der in seinem Leben „den Atem Gottes“ in sich trägt, also Anteil an Gott hat.
„Wir wissen: Wenn unser irdisches Zelt abgebrochen wird, dann haben wir eine Wohnung von Gott, ein nicht von Menschenhand errichtetes ewiges Haus im Himmel. Im gegenwärtigen Zustand seufzen wir und sehnen uns danach, mit dem himmlischen Haus überkleidet zu werden. So bekleidet, werden wir nicht nackt erscheinen. Solange wir nämlich in diesem Zelt leben, seufzen wir unter schwerem Druck, weil wir nicht entkleidet, sondern überkleidet werden möchten, damit so das Sterbliche vom Leben verschlungen werde. Gott aber, der uns gerade dazu fähig gemacht hat, er hat uns auch als ersten Anteil den Geist gegeben“ (2. Korinther, Kapitel 5, Vers 1-5).
Wenn der heutige Mensch den Text aus dem Korintherbrief in schweren Zeiten der Krankheit, im Hinleben auf den Tod im Alter liest, so kann

es tröstlich und zielorientiert wirken, dass seine aktuelle Situation nicht das letzte Wort hat und der Tod nicht das Sterbliche verschlingt, sondern ihm ein neues, anderes Leben, eine Wohnung angeboten wird.

2. Auswirkungen auf das Leben

Jene Perspektive, die Paulus im 2. Korintherbrief in Kapitel 5 aufzeigt, führt er weiter, wenn er von Zuversicht spricht angesichts der Fremdheit in diesem Leib, in dem wir „zu Hause" sind. Hilfreich und zielgerichtet schlägt er vor, aus dem Leib auszuwandern und daheim bei Gott zu sein. Es ist der Ort, an dem wir wirklich Heimat finden. Auch Paulus spricht davon, dass wir die Konsequenzen unseres Lebens tragen müssen, wenn wir – in der damaligen Zeit durchaus verständlich – „vor dem Richterstuhl" offenbar legen müssen, was wir getan und wie wir gelebt haben. Er spricht von Lohn und der moralischen

Unterscheidung von Gut und Böse im irdischen Leben. Die Vorstellung, dass es einmal eine Gerechtigkeit am Ende des Lebens gibt, kann zur Handlungsmaxime in diesem Leben führen. Nicht der bedrohende und strafende Gott öffnet uns die Tür zur himmlischen Wohnung, sondern wie wir gelebt und was wir getan haben ist der Schlüssel zu diesem und zum neuen Leben. „Wir sind also immer zuversichtlich, auch wenn wir wissen, dass wir fern vom Herrn in der Fremde leben, solange wir in diesem Leib zu Hause sind; denn als Glaubende gehen wir unseren Weg, nicht als Schauende. Weil wir aber zuversichtlich sind, ziehen wir es vor, aus dem Leib auszuwandern und daheim beim Herrn zu sein. Deswegen suchen wir unsere Ehre darin, ihm zu gefallen, ob wir daheim oder in der Fremde sind. Denn wir alle müssen vor dem Richterstuhl Christi offenbar werden, damit jeder seinen Lohn empfängt für das Gute oder Böse, das er im irdischen Leben getan hat" (2. Korinther Kapitel 5, Vers 6-10).

Das neue Leben hat im Sinne der Urchristen seinen Zugang über das sterbliche Leben. Es

hat eine Perspektive und ein Ziel. Beides steht in engem Zusammenhang und versucht durch die Perspektive manche Ungerechtigkeit in diesem Leben im neuen Leben auszugleichen. „Wir haben ein ewiges Haus im Himmel" meint damit jenen Ort, der vom diesseitigen Leben zugänglich ist über die Art und Weise, wie wir leben und was wir tun.
Trostreich ist, dass es diesen Ort gibt, gerade angesichts dessen, was am Ende eines Lebens Krankheit und Alter mit sich bringen. Selbst das, was man Gutes für andere und diese Welt, auch für sich in Verantwortung für diese Welt getan hat, das geht nicht verloren angesichts von Sterben und Tod, sondern wird belohnt.

3. Zerbrechlichkeit des Lebens

Wie zerbrechlich das Leben sein kann, war in der Antike vielleicht noch deutlicher zu erfahren als in der heutigen Zeit. Trotz hochtechnisierter Medizin gibt es Grenzen, die wir nicht überwinden können. Die Endlichkeit und Zerbrechlichkeit dieses irdischen Lebens kann auch die moderne Technik nur bedingt verändern, vielleicht den Zeitpunkt etwas verschieben, aber letztlich nicht aufhalten. Die Perspektive, in der wir leben, darf nicht das Bedrohliche, die Zerbrechlichkeit, die Verzweiflung oder die Hetze sein. Selbst wenn wir niedergestreckt werden, werden wir nicht vernichtet, weil in dem, wie die Menschen das Sterben Jesu erlebt haben, nicht der Tod, das Grab und die Trauer das letzte Wort hatten, sondern das Leben, die Auferstehung und die Hoffnung auf ein Weiterleben. So wie es Jesus vorgelebt hat, ist es allen Menschen zugesagt.

Paulus sagt dies mit seinen Worten (2. Korinther, Kapitel 4, Vers 7-11): „Diesen Schatz tragen wir in zerbrechlichen Gefäßen; so wird deutlich, dass das Übermaß der Kraft von Gott und nicht von uns kommt. Von allen Seiten werden wir in die Enge getrieben und finden doch noch Raum; wir wissen weder aus noch ein und verzweifeln dennoch nicht; wir werden gehetzt und sind doch nicht verlassen; wir werden niedergestreckt und doch nicht vernichtet. Wohin wir auch kommen, immer tragen wir das Todesleiden Jesu an unserem Leib, damit auch das Leben Jesu an unserem Leib sichtbar wird. Denn immer werden wir, obgleich wir leben, um Jesu willen dem Tod ausgeliefert, damit auch das Leben Jesu an unserem sterblichen Fleisch offenbar wird."

Schon zur Zeit von Paulus wird das, was kommt, umschrieben (2. Korinther, Kapitel 4, Vers 18): „... uns, die wir nicht auf das Sichtbare starren, sondern nach dem Unsichtbaren ausblicken; denn das Sichtbare ist vergänglich, das Unsichtbare ist ewig."

Worum es also geht, ist unsichtbar und ewig. Mag hier durchaus das jüdische Verständnis von Ewigkeit mit hineinspielen, die nämlich einen Anfang, aber kein Ende hat. Halten wir fest: Das, wovon wir weitersprechen, ist „unsichtbar", entzieht sich also unserer Erkenntnis. Dennoch hat es die Menschen schon immer beschäftigt und sie haben sich eine Vorstellung davon gemacht, wie es aussehen könnte.

4. Paradies als neuer Lebensraum

Immer wieder stellt die Menschheit sich die Frage, was nach dem Tod kommt. Die Frage nach der Gerechtigkeit und den Konsequenzen dieses Lebens sind zentrale Fragen, die alle Menschen angesichts des Sterbens bewegen. Im Grunde kann man sich fragen, ob es von Bedeutung ist, wann man sich dem Angebot Gottes stellt. Selbst im „letzten Moment" kann die bejahende und zustimmende Antwort die Tür zu dieser „neuen und anderen" Wirklichkeit öffnen. Wenn diese Frage nicht von existenzieller Bedeutung wäre, wäre sie auch in der Erzählung des Todes Jesu nicht über 2 000 Jahre weitergetragen worden.

„Einer der Verbrecher, die neben ihm hingen, verhöhnte ihn: Bist du denn nicht der Messias? Dann hilf dir selbst und auch uns! Der andere aber wies ihn zurecht und sagte: Nicht einmal du fürchtest Gott? Dich hat doch das gleiche Urteil getroffen. Uns geschieht recht, wir erhalten den Lohn für unsere Taten; dieser aber hat nichts Unrechtes getan. Dann sagte er: Jesus, denk an mich, wenn du in dein Reich kommst. Jesus antwortete ihm: Amen, ich sage dir: Heute noch wirst du mit mir im Paradies sein" (Lukas, Kapitel 23, Vers 39-43).

Das Paradies, jener Ort, an dem – so die alttestamentliche Erzählung am Anfang der Bibel – der Mensch aufgrund seines eigenen Verhaltens nicht mehr leben kann, weil er sich zu viel angemaßt hat, ist der Ort, der ihm wieder zur Perspektive wird, wenn er aus diesem Leben tritt.

In der islamischen Tradition kommen unschuldige Kinder (was nach deren Vorstellung bis zum achten Lebensjahr der Fall ist) automatisch ins Paradies.

Dieses Bild tröstet die hinterbliebene Familie. Selbst Menschen ohne kirchliche Bindung ist dies ein tröstendes Bild, weil damit den Kindern alles geschenkt wird, was ihnen in dieser Wirklichkeit versagt geblieben ist. Zudem ist die Gemeinschaft mit anderen Kindern (und Menschen) an einem unvorstellbar schönen Ort wie dem Paradies eine Perspektive für die Toten und damit trostreich für die Hinterbliebenen.

5. Thron als Ort des Jenseits

In Bildern und Visionen haben sich die Menschen der ersten nachchristlichen Zeit den Ort nach diesem Leben als „Thron“ vorgestellt. Ein solches Bild ist nur verständlich, wenn man es vom Zeitgeist der römisch-griechischen Welt her deutet:
Ein Thron war für den damaligen Menschen das Höchste, was es in seiner Vorstellung gab. Nicht so sehr die Macht wird in diesem Bild verherrlicht, sondern die Größe und Güte des Throninhabers. Er unterscheidet sich von den weltlichen Herrschern. Auf scheinbar buchhalterische Art werden die Bücher aufgeschlagen, im „Buch des Lebens“ werden die Taten als Grundlage des Urteils genommen. Wieder müssen die Menschen die Konsequenz daraus tragen, wie sie gelebt haben. Der Mensch wird in seinen Taten und seinem Schicksal, im Guten und Bösen seines Tuns gleichsam beurteilt. Der Mensch ist verantwortlich für das, was er tut. Der Ort, an dem die Verstorbenen sind,

wird mit Unterwelt und Meer umschrieben. Entscheidend ist, dass die Toten aus der Unterwelt herauskommen. Das Meer, in dem sie sich aufgehalten haben, hat keine endgültige Kraft, sie im Tod festzuhalten.

„Dann sah ich einen großen weißen Thron und den, der auf ihm saß; vor seinem Anblick flohen Erde und Himmel und es gab keinen Platz mehr für sie. Ich sah die Toten vor dem Thron stehen, die Großen und die Kleinen. Und Bücher wurden aufgeschlagen; auch das Buch des Lebens wurde aufgeschlagen. Die Toten wurden nach ihren Werken gerichtet, nach dem, was in den Büchern aufgeschrieben war. Und das Meer gab die Toten heraus, die in ihm waren; und der Tod und die Unterwelt gaben ihre Toten heraus, die in ihnen waren. Sie wurden gerichtet, jeder nach seinen Werken. Der Tod und die Unterwelt aber wurden in den Feuersee geworfen. Das ist der zweite Tod: der Feuersee. Wer nicht im Buch des Lebens verzeichnet war, wurde in den Feuersee geworfen" (Offenbarung, Kapitel 20, Vers 11-15). Der Mensch muss die Konsequenzen seines Handelns tragen und wird für die guten Dinge

belohnt. Es entsteht für ihn eine neue Erde und ein neuer Himmel. Die alte Wirklichkeit von Himmel und Erde, dem ersten Raum seines Lebens, hört auf und etwas Neues entsteht. Wie in der Offenbarung gesagt wurde, entstehen ein neuer Himmel und eine neue Erde, also eine neue Wirklichkeit: trostreich für das Ende des ersten Himmels und der ersten Erde.
„Dann sah ich einen neuen Himmel und eine neue Erde; denn der erste Himmel und die erste Erde sind vergangen, auch das Meer ist nicht mehr“ (Kapitel 21, Vers 1).

6. DER GEDECKTE TISCH

Die Psalmen, die Lieder des Alten Testamentes, drücken aus, welche Lebensüberzeugungen der Gläubige vor mehreren Jahrtausenden hatte. Seine Bildvorstellungen werden in Liedern überliefert in den Texten vorgestellt. Aufgrund ihres Reichtums haben sie sich tradiert und

konnten so bis in unsere Tage hinein überliefert und damit gerettet werden.
Einer der zentralen und viel zitierten Texte ist der 23. Psalm. Seine Bilder sind nicht nur in Zeiten des Sterbens und des Todes sehr trostreich, sondern auch ein Bild für das, was nach diesem Leben kommt.

„Der Herr ist mein Hirte, nichts wird mir fehlen.
Er lässt mich lagern auf grünen Auen und führt mich zum Ruheplatz am Wasser.
Er stillt mein Verlangen; er leitet mich auf rechten Pfaden, treu seinem Namen.
Muss ich auch wandern in finsterer Schlucht, ich fürchte kein Unheil; denn du bist bei mir, dein Stock und dein Stab geben mir Zuversicht.
Du deckst mir den Tisch vor den Augen meiner Feinde. Du salbst mein Haupt mit Öl, du füllst mir reichlich den Becher.
Lauter Güte und Huld werden mir folgen mein Leben lang und im Haus des Herrn darf ich wohnen für lange Zeit“ (Ps 23).
Ziel des begleiteten Lebens ist ein schöner Ort im Bild der Au. Der zu Begleitende hat einen

Beschützer, im Bild des Hirten dargestellt. Er weiß, was der zu Begleitende braucht und nötig hat. Das „sein Name“ charakterisiert, was er ist: Beschützer, Begleiter, Hirte.
Nicht alles ist ungefährlich in diesem Leben, dargestellt im Bild der finsteren Schlucht. Aufgrund der Begleitung wird die Furcht vor Unheil genommen – ein Bild für das Sterben und den Tod. Es gibt Stütze und Unterstützung in dieser Situation. Daraus entsteht Zuversicht für das, was kommt.
Was kommt? Ein festliches Mahl, verbildlicht im gedeckten Tisch. Selbst angesichts derer, die es einem neiden. Eine alte Übersetzung sprach von Neidern. Neid und Missgunst sind sehr verbreitet im Leben, also sind sie das, was unserem Leben feindselig ist.
Schutz vor der stechenden Sonne durch Salbung ist in der orientalischen Welt verständlicher als in unserem teilweise bewölkteren Leben. Eine Kopfsalbung galt aber besonderen Würdenträgern: Königen, Priestern und Propheten. Etwas Besonderes geschieht mit dem, der aus diesem Leben tritt. Er bekommt genug,

er bekommt Kostbares zu trinken, was sich im irdischen Leben nicht jeder leisten konnte.
Güte und Huld, etwas Kostbares und Wertvolles, wertvoller als materielle Dinge, folgen diesem neuen, anderen Leben. Ein Wohnort wird geschenkt für lange Zeit. Wieder ist eine alte Übersetzung deutlicher: „und im Haus des Herrn darfst du wohnen ewiglich."
Eine tröstliche und hoffnungsvolle Vorstellung vom Jenseits, vom Himmel, von der Ewigkeit – und dies schon vor Tausenden von Jahren.

7. In deinem Reiche ewiglich

Seit dem 14. Jahrhundert wird ein Gebet tradiert, das die ganze Sehnsucht und Hoffnung der gläubigen Menschheit ausdrückt. Rettung ist der Wunsch, Reinigung von Belastendem im Leben, Stärkung angesichts der aktuellen Situation, gehört werden in den eigenen Nöten und Fragen, Geborgenheit, Verbundenheit und

Schutz im Leben und im Sterben. Unausweichlich sind das Sterben und die Todesstunde und das damit verbundene Ziel, zu Gott zu kommen, wo bereits die Heiligen sind. Mit ihnen soll Gemeinschaft im Reich Gottes entstehen und dies ewiglich, also ohne Zeitbegrenzung.

Seele Christi, heilige mich,
Leib Christi, rette mich,
Blut Christi, tränke mich,
Wasser der Seite Christi, reinige mich,
Leiden Christi, stärke mich.
O guter Jesus, erhöre mich.
Birg in deinen Wunden mich,
von dir lass nimmer scheiden mich,
vor dem bösen Feind beschütze mich.
In meiner Todesstunde rufe mich,
zu dir kommen heiße mich,
mit deinen Heiligen zu loben dich
in deinem Reiche ewiglich. Amen.

Jenes Gebet und die vielen Grundgebete des christlichen Glaubens machen dies deutlich: Das „Vater unser im Himmel“ spricht von je-

nem Ort, der Auswirkungen auf dieses Leben hat, also damit auch auf das Ziel ist, das wir anstreben.
Das Glaubensbekenntnis der Kirchen spricht schon sehr früh von der Auferstehung der Toten. Der Glaube an die Auferstehung der Toten war von Anfang an ein wesentlicher Bestandteil des christlichen Glaubens. „Die Auferstehung der Toten ist die Zuversicht der Christen; im Glauben an sie existieren wir“ (Tertullian, res. 1,1): „Wie können einige von euch sagen: Eine Auferstehung der Toten gibt es nicht? Wenn es keine Auferstehung der Toten gibt, ist auch Christus nicht auferweckt worden. Ist aber Christus nicht auferweckt worden, dann ist unsere Verkündigung leer und euer Glaube sinnlos ... Nun aber ist Christus von den Toten auferweckt worden als der Erste der Entschlafenen“ (1. Korinther, Kapitel 15, Vers 12-14. 20).
Das katholische Gebet um Fürbitte und Begleitung durch Maria, die Mutter Jesu, sagt am Ende in einem späteren Zusatz: „Heilige Maria, Mutter Gottes, bitte jetzt für uns und in der Stunde unseres Todes.“ Kann jemand bitten,

der nicht mehr existiert? Also geht der Beter und die in der Tradition des Gebetes Stehenden vorher davon aus, dass es einen Ort gibt, wo Maria und alle vor uns Verstorbenen sind.
Der christliche Glaube an die Auferstehung ist also die Grundlage der Existenz der Kirche, aber auch des Menschen. Er gibt Halt, Richtung und Ziel.

8. Zielrichtung Himmel

Wohin führen also unser Leben und unser Sterben? Immer wieder fragen sich die Menschen dies. Paulus sagt seinen Zeitgenossen und durch die Tradierung auch uns heute: „Ihr seid mit Christus auferweckt; darum strebt nach dem, was im Himmel ist, wo Christus zur Rechten Gottes sitzt. Richtet euren Sinn auf das Himmlische und nicht auf das Irdische! Denn ihr seid gestorben und euer Leben ist mit Christus verborgen in Gott. Wenn Christus, unser Leben, offenbar wird, dann werdet auch ihr mit ihm offenbar werden in Herrlichkeit“ (Kolosser, Kapitel 3, Vers 1-4).

Eine Hoffnung und ein Ziel zu haben, das hilft, das aktuelle Leben und die letzte Etappe zu gehen. Menschen brauchen solche Perspektiven, um schwere Zeiten durchzuhalten. Das Leben ist nicht um seiner selbst willen da, sondern hat eine Perspektive. Perspektivlosigkeit führt in die Verzweiflung. Leider habe ich in der Trauerbegleitung auch Menschen erlebt, deren Leben nach dem Tod eines geliebten Menschen, insbesondere eines Kindes, keinen Sinn mehr hatte. Die Sehnsucht nach der Gemeinschaft mit den Toten ist auch für diese Hinterbliebenen, die nicht an ein Weiterleben nach dem Tod glauben, gegeben. Die Selbsttötung will dem Schmerz nur ein Ende setzen. Die Verzweiflung darf nicht das letzte Wort haben. Um weiterleben zu können, braucht es eine Perspektive und eine Hoffnung, die trostreich ist.

So ist es doch trostreicher, wenn es die Hoffnung gibt, dass wir irgendwann nach diesem Leben eine gemeinsame Zukunft haben.

Paulus verdeutlich dies damals wie heute (2. Korinther, Kapitel 5, Vers 6-7): „Wir sind also immer zuversichtlich, auch wenn wir wissen, dass wir fern vom Herrn in der Fremde leben, solange wir in diesem Leib zu Hause sind; denn als Glaubende gehen wir unseren Weg, nicht als Schauende."
Eine Antwort bekommen wir ohnehin erst, wenn wir selbst diesen Lauf vollendet haben, wenn wir selbst ans Ende kommen. Dann wird die alles entscheidende Frage beantwortet.

9. Was kommt nach dem Ende?

Als mein Vater im Sterben lag, ergab es sich in einem kurzen Gespräch, dass ich ihn fragen konnte: „Was, glaubst du, kommt nach deinem Ende?"
Er überlegte einen kurzen Moment und gab mir zur Antwort: „Dass das, was man ein Leben lang geglaubt hat, auch wirklich kommt!"
Was kommt nach dem Ende?

Ein Leben, ein neues Leben, ein anderes Leben, ein ewiges Leben. Sonst hätten die Menschen nicht über Jahrtausende immer wieder Zeichen und Symbole gesetzt, die darauf hindeuten, dass es eine andere Wirklichkeit gibt als diese unsere kleine Welt. Selbst wenn Weltraumforscher und -fahrer behaupten, sie hätten Gott nicht gefunden und nichts im Weltall gesehen, was auf seine Existenz hindeutet, so kann der Glaube an eine andere Wirklichkeit deshalb nicht unwirklich sein.
Was wir glauben, unterliegt dem, was wir in unserem Leben vermittelt bekommen. Deshalb ist nicht falsch, was in der Vergangenheit über das Jenseits erzählt und verkündet wurde, weil es dem Zeitgeist unterliegt und von den Vorstellungen der früheren Zeit her geprägt ist. Die Himmelswelt einer Barockdecke in einer Kirche ist gemalt mit Gestalten und Vorstellungen aus der Barockzeit. Es ist deshalb nicht unveränderbar, sondern die Veränderungen können geprägt sein durch die Welt, in der wir leben. Sie prägt unsere Vorstellung vom Himmel und dem, was kommt.
Was kommt am Ende?

Das werden wir sehen. Es möge stimmen, was wir ein Leben lang geglaubt haben, nur so können wir den Weg hin auf das Ende leichter gehen. Nicht das Ende hat das letzte Wort, nicht der Tod seine Macht über dieses Leben, sondern das, was wir glauben, was uns durch unsere Vorfahren vermittelt wurde und wohin unser Weg geht. Diese Überlegungen sollen helfen, eine Vorstellung von dem, was nach dem Ende kommt, zu entwickeln, um unser Leben zu leben und unseren Tod zu überstehen.
Hoffen wir, dass das, was wir ein Leben lang geglaubt haben, stimmt. Wir werden es sehen, wenn wir uns nach diesem Leben wiedersehen!

Pfarrer Werner Gutheil (geb. 1962) ist Priester und Diözesanseelsorger für Trauernde im Bistum Fulda. Nach Theologiestudium und Priesterweihe bildete er sich in den Bereichen der Pastoralpsychologie, der Palliativpflege und der Trauerbegleitung weiter und arbeitete unter anderem als Klinikpfarrer. Seit 2010 leitet er das von ihm errichtete Trauerzentrum in Hanau und baut seit 2018 ein weiteres Zentrum mit Garten der Erinnerung in Rommerz auf.